김구

김구

김종렬 글 이경석 그림

비룡소

중국 상하이에서 출발한 비행기가 서해 바다 위를 가로질렀어요.
 '아, 꿈에도 그리던 조국이구나!'
 김구는 지그시 눈을 감았어요. 일본에 나라를 빼앗긴 뒤, 오로지 독립을 위해 달려온 지난 세월이 한순간처럼 스쳐 갔어요.

김구는 1876년 황해도 해주에서 가난한 농사꾼의 아들로 태어났어요. 어릴 때 이름은 창암이었지요.

창암이는 부지런히 글공부를 했어요. 과거를 보아 관리가 되면 가난한 집안을 일으킬 수 있을 거라고 믿었거든요.

열일곱 살 되던 해, 마침내 창암이는 과거를 보러 갔어요. 아무리 어려운 문제가 나와도 시험에 붙을 자신이 있었지요. 집에서 멀리 떨어진 글방을 하루도 거르지 않고 다니며 열심히 공부했으니까요.

하지만 창암이는 시험에서 떨어지고 말았어요. 나중에 알고 보니 시험에 붙을 사람이 이미 정해져 있었어요. 시험관에게 돈을 보냈거나, 힘 있는 사람이 써 준 편지를 갖고 있는 사람들이었지요.

"나라가 어찌 되려고……."

창암이는 크게 실망했어요.

그 무렵 우리나라는 몹시 불안하고 어수선했어요. 청나라, 일본, 러시아 같은 힘센 나라들이 호시탐탐 우리나라를 넘보고 있었거든요. 그런데도 나랏일 하는 벼슬아치들은 제 욕심에 눈이 멀어 가난한 백성들만 못살게 굴었지요.

창암이는 나라를 병들게 만든 것이 다름 아닌 벼슬아치들이라는 것을 깨달았어요. 그래서 벼슬에 대한 꿈을 접고 동학에 뛰어들었어요. 이름도 창수로 바꾸었지요.

최제우가 처음 시작한 동학에서는 사람이 곧 하늘이라고 믿었어요. 양반, 상놈 할 것 없이 사람은 모두가 평등하다는 거였지요. 동학 운동을 할 때만은 창수의 답답한 마음도 조금 풀리는 것 같았어요.

동학 운동이 거세지자 나라에서는 이를 막기 위해 청나라에 군대를 보내 달라고 부탁했어요. 그러자 우리나라를 빼앗기 위해 기회를 엿보던 일본도 덩달아 군대를 끌고 들어왔지요. 이후 일본은 우리나라 일에 이래라저래라 간섭하기 시작했어요. 심지어는 우리나라 대신들까지 제멋대로 갈아 치웠지요.
　창수는 일본을 내몰고 나라를 바로 세울 방법이 없을까 고민했어요. 창수가 황해도 지방에서 제일가는 학자인 고능선을 만난 것은 그 무렵이었어요.

 "일본을 몰아내려면 청나라를 이용해야 하네. 자네가 청나라에 건너가 그곳 사정도 익히고, 힘 있는 사람들과 사귀어 두면 어떻겠나."
 고능선의 뜻을 따라서 창수는 청나라를 향해 길을 떠났어요. 그런데 만주를 지나던 중 창수는 놀라운 소식을 들었어요. 고종 황제의 아내인 명성 황후가 일본인들에게 살해되었다는 거였어요.
 창수는 분한 마음을 참을 수가 없었어요.
 "이렇게 원통할 수가! 황후님을 죽인 원수는 반드시 내 손으로 갚고야 말겠다!"

그로부터 얼마 후 나라 안이 또 한번 발칵 뒤집혔어요. 일본의 꼭두각시가 된 몇몇 벼슬아치들이 '단발령'을 실시해, 상투를 틀어 올리던 풍속을 없애고 머리를 짧게 깎게 한 거예요. 우리나라의 모든 제도를 일본과 똑같이 만들려는 것이었지요.

부모에게 물려받은 몸은 머리카락 한 올까지 소중히 여겨야 한다고 믿었던 우리나라 사람들에게는 날벼락 같은 일이었어요.

"머리카락을 자르려거든 내 목을 먼저 자르라!"

양반들은 물론이고 백성들도 가만있지 않았어요. 곧 전국에서 성난 벌 떼처럼 의병이 일어났어요.

창수도 의병이 되기로 마음먹었어요. 청나라에 가서 새로운 지식을 익히는 것보다, 의병이 되는 게 더욱 나라를 위하는 길이라고 생각한 거예요.

 창수는 의병이 되기 위해 황해도 안악으로 가는 길에 황해도 치하포의 주막에서 하룻밤을 묵었어요.
 다음 날 아침, 비좁은 방 안에서 몇몇 남자들이 새벽길을 떠나려고 서두르고 있었어요. 그때 창수의 눈에 두루마기 안에 칼을 숨긴 수상한 사내가 들어왔어요.
 '변장을 했지만 말씨나 생김새로 보아 왜놈이 분명해. 명성 황후를 죽인 놈이거나, 그 사건과 관계있는 놈이 틀림없어.'

창수는 사내가 잠시 한눈을 파는 사이, 번개처럼 사내에게 달려들었어요. 창수의 발길질에 쓰러졌던 사내가 곧 칼을 빼어 들고는 크게 휘둘렀지요. 하지만 창수는 날렵하게 몸을 날려 사내의 손에 들린 칼을 빼앗았어요. 그러고는 겁에 질린 사람들을 향해 소리쳤어요.
"이놈은 왜놈이오. 이 왜놈을 살리려고 내게 덤비는 사람이 있다면 가차 없이 목을 벨 테니, 그리 아시오!"

창수의 짐작대로 사내는 일본군 장교였어요. 창수는 사내가 지니고 있던 돈을 가난한 사람들에게 나누어 주었어요. 그리고 주막집 주인에게 종이와 먹을 빌려 힘찬 글씨로 이렇게 썼어요.

국모의 원수를 갚고자 이 왜놈을 죽였노라!
해주 백운방 텃골 사는 김창수

창수는 이 글을 큰길가에 붙이고는 사람들에게 말했어요.
"이 일을 안악 군수에게 사실대로 고해 주시오!"

창수는 도망치지 않고 고향으로 돌아갔어요. 조선 사람으로서 마땅히 해야 할 일을 했으니, 도망칠 이유가 없다고 생각했지요.

고향집에 머물던 창수는 일본 경찰에 붙들려 해주 감옥으로 끌려갔어요.

"네가 치하포에서 일본 장교를 살해하고 재물을 빼앗은 게 사실이냐?"

일본 경찰은 다짜고짜 창수를 윽박질렀어요.

창수는 쇠사슬에 묶인 채였지만 당당하게 말했어요.
"왜놈을 죽여 나라의 원수를 갚은 일은 있으나 재물을 탐낸 적은 없다! 서로 의좋게 지내자고 조약을 맺고서, 그 나라의 황후를 죽이는 것이 너희의 법도인가!"
창수의 목소리가 방 안을 쩌렁쩌렁 울렸어요. 창수의 호통에 놀란 경찰은 허둥지둥 자리를 피했지요.

창수의 의로운 행동은 곧 많은 사람들에게 알려져 감동을 주었어요. 멀리서 감옥에 갇힌 창수를 찾아와 좋은 음식과 책을 넣어 주는 이들도 있었지요. 창수를 감옥에서 빼내기 위해 애쓰는 사람들도 많았어요.

판결을 기다리면서 창수는 계속 책을 읽었어요. 마음만으로는 나라를 살릴 수 없다고 생각했거든요.
'외국의 새로운 학문과 기술을 익혀 나라와 백성을 널리 깨우쳐야 해.'
창수는 다른 죄수들에게도 글을 가르쳤어요. 당시 《황성신문》에는 "김창수가 감옥에서 죄수들에게 글을 가르치니, 감옥이 온통 학교로 변하였다."라는 기사가 나기도 했지요.
그러던 어느 날, 하늘이 무너지는 소식이 전해졌어요. 창수에게 사형 판결이 내려진 거예요.

마침내 사형 날 아침이 밝았어요. 창수는 여느 때처럼 밥을 먹고 책을 읽었어요. 나라를 위해 한 일이었기에 후회도, 두려움도 없었지요.

그런데 어둠이 내리고 사형 집행 시간이 가까워졌을 때였어요. 갑자기 다급한 발소리가 들리더니, 간수가 헐레벌떡 뛰어 들어와 말했어요.

"창수, 이제 살았네. 지금 막 고종 황제께서 자네에 대한 사형 집행을 중지하라는 명령을 내리셨어!"

창수에게 기적이 일어난 거예요.

사형은 면했지만, 일본인들은 창수를 감옥에서 풀어 주려고 하지 않았어요.

'이대로 잡혀 있느니 감옥을 빠져나가 나라와 백성을 위해 일하는 게 옳지 않을까?'

창수는 고민 끝에 감옥을 빠져나가기로 결심했어요. 많은 사람들이 창수가 감옥에서 빠져나올 수 있도록 도왔지요.

감옥에서 나온 창수는 일본 경찰들의 눈을 피해 전국을 떠돌았어요. 한동안은 절에 들어가 머리를 깎고 스님 노릇을 하기도 했지요. 하지만 나라를 위해 해야 할 일이 있다는 것만은 한시도 잊지 않았어요.

일 년여 만에 고향으로 돌아간 창수는 학교를 세워 아이들을 가르쳤어요. 아이들을 깨우치는 일이야말로 나라를 위하는 일이라고 믿었거든요.

얼마 후 독립운동을 하는 유완무라는 사람이 창수를 찾아왔어요.

"일본 경찰들의 감시 때문에 김창수라는 본명으로는 다니기가 힘드니, 이름을 거북 구(龜) 자를 써서 김구라고 바꾸는 게 어떻겠소?"

창수는 유완무의 말대로 이름을 구로 바꾸고 아이들을 가르치는 데 최선을 다했어요.

그동안 우리나라의 상황은 점점 나빠졌어요. 1905년 일본이 우리나라와 강제로 '을사늑약'을 맺었어요. 우리나라가 다른 나라와 관계를 맺을 수 없도록 외교권을 빼앗은 거예요.

"을사늑약은 우리를 일본의 노예로 만드는 것입니다. 우리 모두 죽기를 각오하고 싸워야 합니다!"

김구는 사람들에게 소리 높여 을사늑약의 잘못된 점을 알렸어요.

"일본은 우리의 주권을 억지로 빼앗았습니다. 또 일본 군인들은 함부로 우리나라 사람들의 집에 들어가 닭이며 달걀이며 마구 가져갑니다. 이러니 어찌 그들을 미워하지 않을 수 있겠습니까?"

김구가 가는 곳마다 수많은 사람들이 모여들었어요.

김구뿐 아니라 우리나라의 많은 젊은이들이 일본으로부터 나라를 지키기 위해 애썼어요. 1909년에 김구가 감옥에 갇히기 바로 며칠 전에는 안중근이 일본의 정치가 이토 히로부미를 총으로 쏘아 쓰러뜨렸지요.

안중근은 옛날에 김구에게 많은 도움을 주었던 안태훈의 아들이었어요. 일본 경찰은 이 일을 꼬투리 삼아 김구에게 죄를 덮어씌우려 했어요. 하지만 안중근의 아버지와 아는 사이라는 이유만으로 김구를 계속 잡아 둘 수는 없었어요. 김구는 곧 감옥에서 풀려났지요.

안중근은 희망을 잃은 우리나라 백성들에게 큰 용기를 주었어요. 하지만 우리나라를 집어삼키기 위한 일본의 행동은 점점 악랄해져만 갔어요.

1910년 8월, 일본은 우리나라를 총칼로 위협해 '한일 병합 조약'을 맺었어요. 우리나라는 주권을 빼앗긴 채 일본의 지배를 받는 식민지 국가가 되고 말았지요.
김구는 하늘이 무너지는 것만 같았어요.
"아, 분하고 원통하구나!"

나라를 잃은 슬픔과 분노 속에 김구는 빼앗긴 나라를 되찾겠다는 생각뿐이었어요.

그때 김구는 '신민회'라는 단체에서 비밀리에 독립운동을 펼치고 있었어요. 독립운동 자금을 모으고, 학교를 세워 아이들을 가르치기도 했지요.

그러던 어느 날, 김구는 갑자기 들이닥친 일본 경찰에 끌려가 모진 고문을 당했어요.

"바른대로 말하라! 네가 안명근을 시켜 일본 총독을 죽이려 한 것이 아닌가!"

그제야 짐작이 갔어요. 안중근의 사촌 동생 안명근이 일본 총독을 죽이려다 실패한 걸 빌미로, 일본 경찰이 우리나라의 독립운동가들을 모조리 잡아들였던 거예요. 안명근과 관계가 없다는 걸 알면서도 독립운동의 불씨를 남겨 두지 않으려는 속셈이었지요.

"지독한 놈! 독립운동을 한 자들의 이름을 말하면 살려 주겠다지 않느냐!"

헉! 지독한 놈!

일본 경찰은 김구를 천장에 매달고 몽둥이로 후려쳤어요. 매질을 견디다 못해 정신을 잃으면, 찬물을 끼얹어 깨운 다음 다시 매질을 했지요.

하지만 모진 고문에도 김구는 꺾이지 않았어요.
"너희가 내 목숨을 빼앗을 수 있을지는 몰라도, 내 정신을 빼앗지는 못할 것이다!"

일본 경찰은 죄가 없는데도 김구를 서대문 형무소에 가두었어요.

하루는 어머니가 면회를 왔어요. 김구는 어머니 앞에서 약해지는 마음을 감추기 위해 이를 악물었지요.

"나는 네가 감옥에 갇힌 것이 경기 감사(조선 시대에 경기도에 파견된 최고 책임자)가 된 것보다도 기쁘구나. 이제 너는 나만의 아들이 아니라, 이 나라의 귀한 아들이다!"

어머니는 환한 미소를 지어 보이며 말했어요. 김구는 아무 말도 못하고 마음속으로 부끄럽지 않은 아들이 되겠다는 다짐만을 거듭했어요.

김구는 서대문 형무소에서 지내면서 이름을 아홉 구(九) 자로 바꾸었어요. 호도 백범(白凡)으로 바꿨지요.

백범의 '백'자는 당시에 가장 지위가 낮은 직업인 백정에서 따온 것이고, '범'자는 평범한 사람이라는 뜻이었어요. 가장 낮은 위치에 있는 사람들까지도 나라를 사랑하는 마음을 가져야 독립을 이룰 수 있다는 마음을 담았지요.

"우리나라가 독립을 이루어 다시 정부가 세워지면, 그 앞의 뜰을 쓸고 유리창을 닦아 보고 죽을 수 있었으면 좋겠습니다."

감옥에서 뜰을 쓸고 창을 닦을 때마다 김구는 빌고 또 빌었어요.

사 년여 만에 감옥에서 풀려난 김구는 고향으로 돌아갔어요. 하지만 일본 경찰의 철저한 감시 때문에 독립운동을 하기가 쉽지 않았지요.

김구는 가슴이 터질 것만 같았어요. 일본의 식민 지배 아래 우리나라 사람들은 숨조차 마음대로 쉬지 못했어요. 하지만 일본이 억누르면 억누를수록 우리나라 사람들의 독립을 향한 바람은 점점 커져만 갔지요.

대한 독립 만세!

대한 독립 만세!

1919년 3월 1일, 마침내 그 바람이 한꺼번에 터져 나왔어요.

"대한 독립 만세!"

"일본인들은 일본으로 돌아가라!"

서울 탑골 공원에서 시작된 만세 소리가 삼천리 방방곡곡으로 퍼져 나갔어요. 전국 각지에서 수많은 사람들이 태극기를 흔들며 목이 터져라 대한 독립 만세를 외쳤지요.

삼일 운동은 우리 민족이 얼마나 독립을 바라는지를 전 세계에 알린 평화적인 운동이었어요. 그런데도 일본의 경찰과 군대는 우리나라 사람들을 닥치는 대로 죽이고 감옥에 가두어 고문했지요.
　삼일 운동에 참여한 이백만여 명 중 칠천 명 이상이 죽고, 만 오천여 명이 다쳤으며, 사만 명 이상이 감옥에 갇혔어요.

"아, 무자비한 일본이 동포들을 모두 죽이는구나!"

삼일 운동을 지켜보는 내내 김구는 피가 거꾸로 솟는 것 같았어요. 일본 경찰의 감시 때문에 아무것도 할 수 없는 자신의 처지가 답답하기만 했지요.

김구는 중국 상하이로 가기로 결심했어요. 그 무렵 상하이에서는 우리나라의 독립운동가들이 임시 정부를 세우고 독립운동을 펼치고 있었어요.

　김구는 상하이 임시 정부의 내무 총장을 맡고 있던 안창호를 찾아갔어요.
　"제게 임시 정부의 문지기를 맡겨 주십시오!"
　반갑게 김구를 맞이한 안창호는 깜짝 놀랐어요.
　"어떻게 백범께 문지기를 시킬 수 있겠습니까? 경무 국장(오늘날의 경찰 책임자에 해당하는 직위)을 맡아 주십시오."
　김구는 경무 국장이 되어 임시 정부 내에 숨어 있는 일본의 스파이들을 찾아냈어요.

하지만 임시 정부의 상황은 점점 어려워져 갔어요. 일본이 임시 정부가 하는 일마다 걸고 넘어지는 데다가, 임시 정부를 유지해 나갈 돈과 사람도 부족했거든요. 임시 정부는 한없이 크고 넓은 바다를 헤매는 난파선 같았어요.
　1926년, 임시 정부가 가장 힘든 시기에 국무령(임시 정부의 우두머리)이 된 김구는 독립운동 활동 자금을 구하기 위해 해외 각지의 동포들에게 편지를 썼어요. 다행히 많은 동포들이 돈을 모아 보내 주었지요.

이어서 김구는 한인 애국단을 만들어 다시 한번 독립운동의 기운을 드높였어요. 일본의 주요 인물들을 없애고 중요 기관을 때려 부수어, 일본이 다른 나라를 침략하지 못하도록 한 거예요.

　1932년 1월, 한인 애국단 단원 이봉창이 도쿄에서 일본 왕에게 수류탄을 던졌어요. 이 일은 실패로 끝났지만, 일본인들을 깜짝 놀라게 만들기에 충분했지요.

그해 4월에는 윤봉길이 상하이 훙커우 공원에서 열린 일본 왕의 생일 기념식장에 폭탄을 던졌어요.
이봉창과 윤봉길은 독립에 대한 우리의 의지가 얼마나 강한지를 전 세계에 보여 주었어요. 하지만 김구는 나라를 위해 젊은 목숨을 바친 두 사람의 모습을 떠올릴 때마다 아픈 마음을 감출 수가 없었지요.
'동지들, 참으로 장한 일을 하였소. 나중에 내가 죽는 날 웃는 얼굴로 다시 봅시다!'

한인 애국단 활동을 시작한 뒤로 일본 경찰은 더욱 기를 쓰고 김구를 붙잡으려고 했어요. 언제 죽음이 닥칠지 모르는 위험한 날들이었지요.

다행히 뜻하지 않은 곳에서 도움의 손길이 찾아들었어요. 중국 주석 장제스와 난징에서 만나게 된 거예요.

김구와 장제스는 종이에 글을 적어 이야기를 나누었어요.

'주석께서 도와주시면 일본과 조선, 만주에서 독립운동을 일으켜 일본이 중국 대륙을 침략하지 못하도록 하겠습니다.'

장제스도 붓을 들어 답했어요.

'일본 왕과 군대는 몇 번을 죽여도 다시 생겨날 것이오. 차라리 군대를 기르는 것이 어떻겠소?'

김구는 눈이 번쩍 뜨이는 것 같았어요. 그것이야말로 김구가 바라던 것이었거든요.

김구는 뤄양 군관 학교에서 일본군에 맞서 싸울 군대를 길렀어요. 하지만 이 일을 눈치챈 일본이 중국 정부에 항의하는 바람에 곧 학교 문을 닫아야 했지요. 김구와 임시 정부는 중국 이곳저곳을 정처 없이 떠돌았어요.

중국 곳곳을 떠돌면서도 김구는 일본에 맞서 싸울 우리 군대를 만들겠다는 꿈을 포기하지 않았어요.

1940년 9월, 마침내 그 꿈이 이루어졌어요. 한국광복군이 만들어진 거예요. 비록 중국의 도움을 받아 남의 땅에서 일군 군대였지만, 김구는 너무나 기뻤어요.

"우리나라가 떳떳하게 독립하려면 광복군의 힘으로 일본을 물리쳐야 해!"

김구는 광복군이 우리나라에서 일본군을 몰아낼 날만을 손꼽아 기다렸어요.

하지만 김구의 바람은 이루어지지 않았어요. 1945년 8월 15일, 일본이 미국, 영국, 중국, 소련(지금의 러시아) 등의 연합군에 무조건 항복을 선언한 거예요.

일본의 항복은 곧 우리나라의 독립을 의미했어요. 하지만 그 소식을 들은 김구는 눈앞이 캄캄했어요.

"우리 힘으로 독립을 이루지 못했으니, 독립이 된 후에도 강대국들에게 이리저리 휘둘릴 수밖에 없지 않은가!"

1945년 11월, 김구는 꿈에도 그리던 조국으로 돌아왔어요.

많은 사람들이 김구를 찾아와 만세를 불렀지요.

"친애하는 동포 여러분, 꿈에도 잊지 못한 조국 땅을 살아서 다시 밟으니 감격스러울 뿐입니다. 앞으로 여러분과 같이 우리의 독립을 완성하기 위해 온 힘을 다하겠습니다."

김구의 떨리는 목소리를 들으며 사람들은 눈물을 흘렸어요.

일본으로부터는 독립했지만, 우리나라의 미래는 여전히 한 치 앞을 내다볼 수 없었어요.

미국과 소련은 우리나라를 신탁 통치하기로 결정했어요. 우리나라가 스스로 독립 국가를 세울 능력이 없다면서, 미국과 소련이 삼팔선을 기준으로 각각 남쪽과 북쪽을 오 년 동안 다스리기로 한 거예요.

김구는 독립운동을 했던 동지들을 불러 모아 신탁 통치 반대 운동을 펼쳤어요.

"신탁 통치는 결코 받아들일 수 없습니다! 신탁 통치와 일본의 식민 지배가 무엇이 다르단 말입니까!"

김구는 겨우 해방된 나라가 둘로 갈려 다른 나라의 지배를 받아야 한다는 것을 참을 수 없었어요.

하지만 김구의 바람과 달리, 남과 북의 지도자들은 서로에게 등을 돌리고 따로 정부를 세우자며 목소리를 높였어요.

김구는 안타까운 마음으로 외쳤어요.

"지금 남한과 북한이 각각 정부를 세운다면 우리 민족은 영원히 둘로 갈라질 것입니다. 형제끼리 서로 피를 흘리는 비극만은 막아야 합니다!"

김구는 미국과 소련이 우리나라에서 물러나고, 남한과 북한의 지도자들이 서로 머리를 맞대 하나의 정부를 세워야 한다고 주장했어요.

"나의 소원은 남과 북이 함께 독립된 나라를 세우는 것입니다. 남한과 북한이 단독 정부를 세우는 데는 결코 협력하지 않을 것입니다!"

김구는 북쪽의 공산주의자들을 설득하기 위해 삼팔선을 건너갔어요. 많은 사람들이 말렸지만 김구는 하나 된 우리나라를 포기할 수 없었어요.

하지만 남북 협상(남북 지도자 사이에 열린 회의)에 참석한 김구는 첫날부터 크게 절망했어요. 북쪽 대표자들은 김구와 이야기할 생각이 전혀 없었어요. 함께 이야기해 보면 잘될 거라는 막연한 기대는 일순간에 실망감으로 변했지요.

1948년 8월 15일, 남한에서 먼저 대한민국 정부가 세워졌어요. 9월 9일, 북한에도 정권이 들어섰지요. 우리나라는 끝내 두 개의 나라로 갈리고 말았어요.

"우리 민족이 왜 두 동강 나야 하는 것입니까? 해가 바뀌고 또 바뀌어도 삼천만 동포의 가장 큰 염원은 미국과 소련이 갈라놓은 삼팔선을 하나로 이어 통일된 우리나라를 만드는 것입니다!"

김구의 간절한 외침에도 불구하고 통일의 길은 점점 멀어져만 갔어요. 뜻을 같이하던 동지들도 하나둘 김구의 곁을 떠났지요. 이승만 대통령과 그를 지지하는 사람들은 김구를 눈엣가시로 여겼어요. 김구는 모든 정치 활동을 그만두고 나라가 잘되기만을 빌었어요.

1949년 6월 26일 아침, 갑자기 네 발의 총소리가 세상을 뒤흔들었어요. 육군 소위 안두희가 김구를 만나러 들어간 지 얼마 안 되어서였지요.

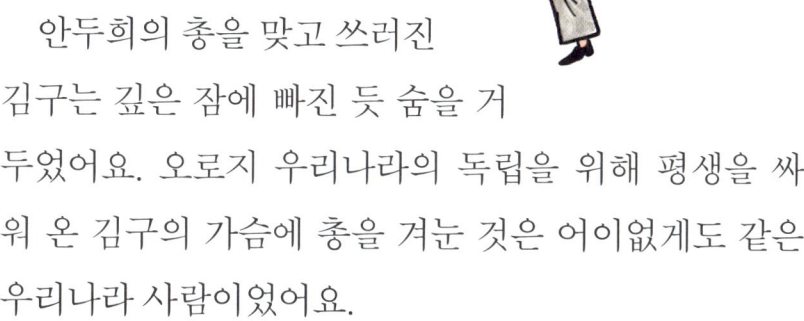

안두희의 총을 맞고 쓰러진 김구는 깊은 잠에 빠진 듯 숨을 거두었어요. 오로지 우리나라의 독립을 위해 평생을 싸워 온 김구의 가슴에 총을 겨눈 것은 어이없게도 같은 우리나라 사람이었어요.

김구는 많은 사람의 눈물과 슬픔을 뒤로 한 채 일흔네 살의 나이로 세상을 떠났어요. 하지만 독립을 위해 평생을 싸운 김구의 삶은 그가 상하이에서 독립운동을 할 때 유서를 대신해 쓴 『백범 일지』를 통해 지금도 많은 사람들에게 감동을 주고 있지요.

♣ 사진으로 보는 김구 이야기 ♣

『백범 일지』와 김구의 삶

『백범 일지』는 김구가 자신의 일생에 관해 적은 책이에요. 상하 두 권으로 이루어져 있는데, 상권은 1928년에 중국 상하이에 있을 때 어린 두 아들 인과 신에게 쓴 편지 형식의 글이에요. 죽음이 언제 닥칠지 모르는 위험한 때

백범 김구의 모습이에요.

여서 자신의 지난 생애를 알려 주려고 유서 대신에 쓴 것이지요.

하권은 1942년에 대한민국 임시 정부를 이끌며 독립운동을 하던 때의 일을 되짚어 쓴 거예요. 이렇게 쓰인 『백범 일지』 덕분에

우리는 김구의 삶과 우리나라의 독립운동의 역사에 대해 자세히 알 수 있어요.

『백범 일지』 중에서도 상하권의 맨 뒤에 실린 '나의 소원'이란 글은 특히 유명해요. 이 글을 보면 독립에 대한 김구의 바람이 얼마나 컸는지를 잘 알 수 있지요.

'네 소원이 무엇이냐?' 하고 하느님이 물으시면, 나는 서슴지 않고 '내 소원은 대한 독립이오.' 하고 대답할 것이다. '그다음 소원은 무엇이냐?' 하면, 나는 또 '우리나라의 독립이오.' 할 것이요, 또 '그다음 소원은 무엇이냐?' 하는 세 번째 물음에도 나는 더욱 소리를 높여서 '나의 소원은 우리나라 대한의 완전한 자

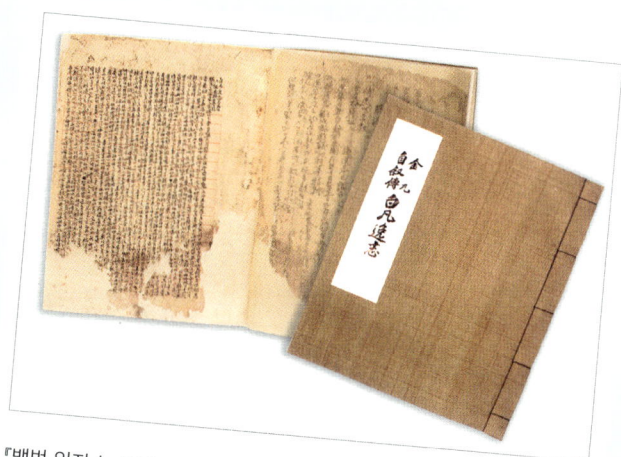

『백범 일지』는 현재 보물 1245호로 지정되어, 서울시 용산구 효창 공원에 있는 백범 김구 기념관에 소중히 보관되어 있어요.

주 독립이오.'라고 대답할 것이다. 동포 여러분! 나 김구의 소원은 이것 하나밖에는 없다. 내 과거의 칠십 평생을 이 소원을 위해 살아왔고, 현재도 이 소원 때문에 살고 있고. 미래에도 나는 이 소원을 이루려고 살 것이다. 독립이 없는 백성으로 칠십 평생에 설움과 부끄러움과 애탐을 받은 나에게는 세상에 가장 좋은 것이 완전하게 자주 독립한 나라의 백성으로 살아 보다가 죽는 일이다.

대한민국 임시 정부와 김구

삼일 운동 이후 일본 경찰과 군대는 독립운동가들을 더욱 못살게 굴었어요. 그러자 나라 안팎에서 활동하던 수많은 독립운동가들은 1919년 4월 11일 중국 상하이에 임시 정부를 세우고, 더욱 조직적으로 독립운동을 펼치기 시작했어요. '임시 정부'란 우리나라에 정식 정부를 세우기 위한 준비 정부를 가리키는 말이에요.

김구도 1919년 상하이로 건너가 임시 정부에서 경무 국장과 국무령으로 일했어요. 김구는 해외에 있는 동포들에게 편지를 써서 독립운동에 필요한 자금을 모으는 한편, 한인 애국단을 만들어 독립운동에 활기를 불어넣었어요. 또 1940년에는 광복군을 만들어 중국과 동남아시아에서 일본에 맞서 싸우기도 했어요.

1919년, 임시 정부의 경무 국장으로 활동하던 김구의 모습이에요.

1920년 1월 1일, 김구와 임시 정부 사람들이 함께 찍은 사진이에요.

김구와 임시 정부는 1945년 8월 15일에 광복이 될 때까지 상하이, 항저우, 광저우 등 중국 곳곳을 떠돌아다니면서도 독립운동을 쉬지 않았어요. 일본의 갖은 방해와 부족한 자금에도 불구하고 독립에 대한 의지를 꺾지 않았지요.

김구와 임시 정부는 오로지 우리나라의 힘만으로 독립을 이루고 싶었어요. 하지만 우리나라의 광복은 김구와 임시 정부의 뜻과는 다르게 이루어졌어요. 미국과 소련은 우리나라를 신탁 통치할 것을 결정했고, 결국 우리나라는 남과 북으로 나뉘고 말았지요.

이봉창과 윤봉길

김구는 대한민국 임시 정부에서 다양한 독립운동을 벌였어요. 그중 한인 애국단은 일본의 주요한 시설과 사람들을 공격해, 일본이 다른 나라를 침략할 수 없도록 하기 위해 만들어진 비밀 조직이에요.

   1932년 1월 8일 한인 애국단 단원 이봉창은 일본 왕을 향해 수류탄을 던졌어요. 같은 해 4월 29일에는 윤봉길이 상하이 훙커우 공원의 일본 왕 생일 기념식장에 폭탄을 던져 일본군 사령관과 육군 대장 등이 죽었어요. 중국에서는 이를 두고 "이억 중국인이 하지 못한 일을 한 사람의 한국인이 해냈다."고 감탄했지요.

   하지만 일본은 한인 애국단을 살인자 집단이라고 비난하고 헐뜯었어요. 이에 김구는 "한인 애국단은 인류의 진정한 행복을 위

이봉창의 사진(왼쪽)과 이봉창이 일본 왕에게 수류탄을 던지기 전에 쓴 선서문(오른쪽)이에요. 이봉창은 선서문에 "나는 마음에서 우러나온 정성으로 조국의 독립과 자유를 회복하기 위해 한인 애국단의 일원이 되어 적국의 수괴를 없애기로 맹세하나이다."라고 썼어요.

해서 싸우기를 희망할 뿐이다. 우리가 폭력적인 행동으로 일본에 대항하는 것은 지금 우리에겐 이 길 외에는 독립을 찾을 다른 방법이 없기 때문이다. 우리가 일본 외에 다른 나라 사람은 친구로 대하며 해치지 않는다는 것은 이미 훙커우 공원 사건에서 증명한 바 있다."며 일본의 주장이 잘못되었음을 밝혔지요.

1932년 4월 26일, 김구와 윤봉길이 함께 찍은 사진이에요.
김구는 『백범 일지』에 훙커우 공원에 가기 전 윤봉길과 아침을 먹은 일을 썼어요. "윤 군의 밥을 먹는 모양이 담담하고 태연하다."라고요.

경교장과 서대문 형무소

경교장과 서대문 형무소는 김구와 아주 관련이 깊은 장소예요. 경교장은 1945년 11월 중국에서 돌아온 김구가 1949년 6월 26일 암살당할 때까지 살았던 곳이에요. 현재는 서울 종로구에 있는 강북 삼성 병원의 본관으로 사용되고 있지요.

1938년에 세워진 이 건물은 본래 죽첨장이라는 이름으로 불렸어요. 김구가 이 일본식 이름을 근처 개울의 이름을 따서 경교장으로 바꾸었지요.

경교장에서는 대한민국 임시 정부에서 함께 일했던 사람들뿐 아니라, 김구와 뜻을 같이하는 사람들이 모두 모여 나라의 미래를 의논했어요. 김구가 안두희의 총에 목숨을 잃었을 때도 수많은 사람들이 경교장으로 몰려와 슬퍼했지요.

경교장의 모습이에요. 경교장은 현재 사적 제465호로 지정되어 있어요.

경교장에서 연설을 하는 김구와 그를 지켜보는 사람들의 모습이에요.

서울 서대문 근처 독립 공원에 있는 서대문 형무소는 일제 강점기 당시 김구뿐 아니라 수많은 독립운동가들이 갇혀 갖은 고생을 했던 곳이에요. 열여덟 살의 유관순이 옥살이를 하다가 숨을 거둔 곳도 바로 서대문 형무소이지요.

일본 경찰은 우리 독립운동가들을 감옥에 가두고 모질게 고문했어요. 김구도 감옥에서 숱한 협박과 매질을 당했지요. 『백범 일

서대문 형무소는 현재 박물관이 되었어요. 유관순이 숨을 거둔 지하 감옥과 감시탑, 고문실, 사형장, 역사 전시관, 사형장 옆에 시신을 몰래 버리기 위해 만든 시구문 등을 두루 돌아볼 수 있지요.

지』에는 "매달려 매질을 당하여 일곱 차례나 정신을 잃었다가 깨어났지만 마음은 점점 굳세어졌다."라는 글이 쓰여 있기도 해요.

하지만 이런 모진 고문에도 김구는 굴하지 않았어요. 오히려 감옥에서 만난 사람들과 일본으로부터 나라를 되찾을 방법을 고민하며 독립의 희망을 버리지 않았지요.

함께 보면 쏙쏙 이해되는 역사

1876년
황해도 해주에서 태어남.

1870

1876년
일본과 강화도 조약을 맺고 인천, 원산의 항구를 엶.

1893년
동학에 뛰어듦.

1896년
일본 육군 중위 쓰치다를 죽이고 감옥에 갇힘.

1890

1926년
임시 정부의 국무령이 됨.

1928년
『백범 일지』를 쓰기 시작함.

1920

1931년
한인 애국단을 만듦.

1930

1932년
이봉창이 일본 도쿄에서 일본 왕에게 수류탄을 던짐.
윤봉길이 중국 상하이에서 일본 왕의 생일 기념식장에 폭탄을 던짐.

◆ 김구의 생애
● 우리나라 독립운동의 역사

◆ 1911년
안명근의 안악 사건으로 체포됨.

◆ 1919년
중국 상하이로 건너가 임시 정부의 경무 국장이 됨.

◆ 1909년
안중근과 관련해 체포되었다가 풀려남.

1900

● 1905년
을사늑약으로 일본에 외교권을 빼앗김.

● 1910년
한일 병합 조약으로 일본에 합병됨.

● 1919년
삼일 운동이 일어남.

1910

◆ 1946~1948년
신탁 통치 반대 운동에 앞장섬.

◆ 1949년
안두희가 쏜 총을 맞고 세상을 떠남.

◆ 1940년
한국광복군을 만듦.

1940   **1945**

● 1945년
8월 15일 광복을 맞음.

추천사

「새싹 인물전」을 펴내면서

요즈음 아이들에게 '훌륭한 사람'이 누구냐고 물으면 '돈 많이 버는 사람'이라고 대답한다고 합니다. 초등학생의 태반은 가수나 배우가 되고 싶어 하고요. 돈 많이 버는 사람이나 연예인이라는 직업이 나쁘다는 것이 아니라, 아이들이 각자가 갖고 있는 재능과는 상관없이 모두 똑같은 꿈을 갖는 것 같아 걱정입니다. 또 한편으로는 아이들이 진정 마음으로 닮고 싶은 사람에 대한 정보가 부족한 것은 아닌가 하는 생각도 듭니다.

어릴수록 위인 이야기의 힘은 큽니다. 아직 어리고 조그마한 아이들은 자신이 보잘것없다고 생각하고 위인들의 성공에 감탄합니다. 하지만 그네들에게는 끝없이 열린 미래가 있습니다. 신화처럼 빛나는 위인들의 모습은 아이들에게 훌륭한 역할 모델이 되고, 그런 삶을 살기 위해 무엇을 어떻게 해야 할지를 알려 주는 밝은 등대가 됩니다.

그렇다면 우리가 어른으로서 아이들에게 권해야 할 위인전은 무엇일까요? 보통 우리가 생각하는 '위인'은 훌륭한 업적을 남긴

위대한 사람, 멋지고 능력 있는 사람입니다. 하지만 시대가 변했으니 아이들이 역할 모델로 삼을 수 있는 위인의 정의나 기준도 변해야 할 것입니다.

그런 의미에서 비룡소의 「새싹 인물전」은 종래의 위인전과는 다른 점이 많습니다. 시리즈 이름이 '위인전'이 아닌 '인물전'이라는 데 주목하기 바랍니다. 「새싹 인물전」은 하늘에서 빛나는 위인을 옆자리 짝꿍의 위치로 내려놓습니다. 만화 같은 친근한 일러스트는 자칫 생소할 수 있는 옛사람들의 이야기를 일상에서 만날 수 있는 재미있는 사건처럼 보여 줍니다.

또 하나, 「새싹 인물전」에는 위인전에 단골로 등장하는 태몽이나 어린 시절의 비범한 에피소드, 위인 예정설 같은 과장이 없습니다. 사실 이런 이야기들은 현대를 사는 아이들에게는 황당하고 이해하기 힘든 일일 뿐입니다. 그보다는 천 리 길도 한 걸음부터, 큰 성공도 자잘한 일상의 인내와 성실함이 없었다면 이루어질 수 없었다는 것을 알려 주는 것이 중요합니다. 세상 사람들의 우러름을 받는 이들도 여느 아이들과 같은 시절을 겪었음을 보여 줌으로써, 아이들에게 괜한 열등감을 주지 않고 그네들의 모습을 마음속에 담을 수 있도록 해 주는 것입니다.

덧붙여 위인전이란 그 인물이 얼마나 훌륭한 업적을 남겼는가 보여 주는 것도 중요하지만, 얼마나 참된 인간다움을 보였는가를 알려 줄 필요도 있습니다. 여기서 '인간다움'이란 기본적인 선함과 이해심, 남을 위해 봉사할 수 있는 사랑과 배려, 그리고 한 가지 목표를 설정하고 앞으로 나아갈 수 있는 의지와 용기를 말합니다. 성취라는 결과보다는 성취하기 위한 과정을 보여 주고, 사회적인 성공보다는 한 인간으로서 얼마나 자기 자신에게 철저하고 진실했는지를 보여 주는 것이 중요하다는 것입니다.

하지만 아무리 좋은 가르침도 사랑과 따뜻함이 없으면 억누름과 상처가 될 뿐이겠지요. 「새싹 인물전」은 나의 노력과 의지에 따라 얼마든지 의미 있는 삶을 살 수 있음을 알려 줍니다. 내가 알고 있는 삶 외에도 또 다른 삶이 존재할 수 있다는 것, 꿈을 키우고 이루어 가는 과정에서 배우고 경험하게 되는 것들의 가치, 그런 따뜻함을 담고 있는 위인전입니다. 부디 이 책이 삶의 첫발을 내딛는 아이들에게 좋은 길잡이가 되었으면 하는 바람입니다.

기획 위원

박이문(전 연세대 교수, 철학)
장영희(전 서강대 교수, 영문학)
안광복(중동고 철학 교사, 철학 박사)

- 사진 제공

  58~64쪽_ 백범 김구 선생 기념 사업 협회. 65쪽_ 중앙일보.

글쓴이 김종렬

경기도 파주에서 태어나 중앙 대학교 문예 창작학과를 졸업했다. 2002년 『날아라, 비둘기』로 황금도깨비상을 받았다. 지은 책으로 『길모퉁이 행운돼지』, 『내 동생은 못 말려』, 『난생신화 조작 사건』, 『해바라기 마을의 거대 바위』, 『우리의 소원은 독립이오』, 『최무선』, 『정조 대왕』, 『이순신』 등이 있다.

그린이 이경석

부산에서 태어났다. 대학에서 시각 디자인을 공부했으며 지금은 만화를 그리고 어린이 책에 그림을 그린다. 쓰고 그린 책으로 『올식이는 재수 없어』, 『전원교향곡』이 있으며, 그린 책으로 『퀴즈, GMO!』, 『난 노란 옷이 좋아!』, 『찾았다, 오늘이!』, 『최무선』 등이 있다.

새싹 인물전 **김구**
013

1판 1쇄 펴냄 2009년 1월 23일   1판 15쇄 펴냄 2020년 5월 22일
2판 1쇄 펴냄 2021년 5월 28일   2판 2쇄 펴냄 2022년 5월 30일

글쓴이 김종렬   그린이 이경석
펴낸이 박상희   편집장 전지선   편집 이지은   디자인 박연미, 지순진
펴낸곳 **(주)비룡소**   출판등록 1994.3.17.(제16-849호)
주소 06027 서울시 강남구 도산대로1길 62 강남출판문화센터 4층
전화 영업 02)515-2000   팩스 02)515-2007   편집 02)3443-4318, 9   홈페이지 www.bir.co.kr
제품명 어린이용 각양장 도서   제조자명 **(주)비룡소**   제조국명 대한민국   사용연령 3세 이상

ⓒ 김종렬, 이경석, 2009. Printed in Seoul, Korea

ISBN 978-89-491-2893-1 74990
ISBN 978-89-491-2880-1 (세트)

「새싹 인물전」 시리즈

001	**최무선** 김종렬 글 이경석 그림		031	**유관순** 유은실 글 곽성화 그림
002	**안네 프랑크** 해리엇 캐스터 글 헬레나 오웬 그림		032	**알렉산더 벨** 에마 피시엘 글 레슬리 뷔시커 그림
003	**나운규** 남찬숙 글 유승하 그림		033	**윤봉길** 김선희 글 김홍모·임소희 그림
004	**마리 퀴리** 캐런 윌리스 글 닉 워드 그림		034	**루이 브라유** 테사 포터 글 헬레나 오웬 그림
005	**유일한** 임사라 글 김홍모·임소희 그림		035	**정약용** 김은미 글 홍선주 그림
006	**윈스턴 처칠** 해리엇 캐스터 글 린 윌리 그림		036	**제임스 와트** 니컬라 백스터 글 마틴 렘프리 그림
007	**김홍도** 유타루 글 김홍모 그림		037	**장영실** 유타루 글 이경석 그림
008	**토머스 에디슨** 캐런 윌리스 글 피터 켄트 그림		038	**마틴 루서 킹** 베르나 윌킨스 글 린 윌리 그림
009	**강감찬** 한정기 글 이홍기 그림		039	**허준** 유타루 글 이홍기 그림
010	**마하트마 간디** 에마 피시엘 글 리처드 모건 그림		040	**라이트 형제** 김종렬 글 안희건 그림
011	**세종 대왕** 김선희 글 한지선 그림		041	**박에스더** 이은정 글 곽성화 그림
012	**클레오파트라** 해리엇 캐스터 글 리처드 모건 그림		042	**주몽** 김종렬 글 김홍모 그림
013	**김구** 김종렬 글 이경석 그림		043	**광개토 대왕** 김종렬 글 탁영호 그림
014	**헨리 포드** 피터 켄트 글·그림		044	**박지원** 김종렬 글 백보현 그림
015	**장보고** 이옥수 글 원혜진 그림		045	**허난설헌** 김은미 글 유승하 그림
016	**모차르트** 해리엇 캐스터 글 피터 켄트 그림		046	**링컨** 이명랑 글 오승민 그림
017	**선덕 여왕** 남찬숙 글 한지선 그림		047	**정주영** 남경완 글 임소희 그림
018	**헬렌 켈러** 해리엇 캐스터 글 닉 워드 그림		048	**이호왕** 이영서 글 김홍모 그림
019	**김정호** 김선희 글 서영아 그림		049	**어밀리아 에어하트** 조경숙 글 원혜진 그림
020	**로버트 스콧** 에마 피시엘 글 데이브 맥타가트 그림		050	**최은희** 김혜연 글 한지선 그림
021	**방정환** 유타루 글 이경석 그림		051	**주시경** 이은정 글 김혜리 그림
022	**나이팅게일** 에마 피시엘 글 피터 켄트 그림		052	**이태영** 공지희 글 민은정 그림
023	**신사임당** 이옥수 글 변영미 그림		053	**이순신** 김종렬 글 백보현 그림
024	**안데르센** 에마 피시엘 글 닉 워드 그림		054	**오드리 헵번** 이은정 글 정진희 그림
025	**김만덕** 공지희 글 장차현실 그림		055	**제인 구달** 유은실 글 서영아 그림
026	**셰익스피어** 에마 피시엘 글 마틴 렘프리 그림		056	**가브리엘 샤넬** 김선희 글 민은정 그림
027	**안중근** 남찬숙 글 곽성화 그림		057	**장 앙리 파브르** 유타루 글 하민석 그림
028	**카이사르** 에마 피시엘 글 레슬리 뷔시커 그림		058	**정조 대왕** 김종렬 글 민은정 그림
029	**백남준** 공지희 글 김수박 그림		059	**나폴레옹 보나파르트** 남찬숙 글 남궁선하 그림
030	**파스퇴르** 캐런 윌리스 글 레슬리 뷔시커 그림		060	**이종욱** 이은정 글 우지현 그림

061 **박완서**　유은실 글　이윤희 그림
062 **장기려**　유타루 글　정문주 그림
063 **김대건**　전현정 글　홍선주 그림
064 **권기옥**　강정연 글　오영은 그림
065 **왕가리 마타이**　남찬숙 글　윤정미 그림
066 **전형필**　김혜연 글　한지선 그림

• 계속 출간됩니다.